Mascotas inusuales

LAS CHINCHILLAS

MARYSA STORM

BLACK RABBIT BOOKS

Bolt es una publicación de Black Rabbit Books
P.O. Box 227, Mankato, Minnesota, 56002
www.blackrabbitbooks.com

Alissa Thiegles, editora; Rhea Magaro, diseñadora de los interiores e investigación fotográfica.

Información del catálogo de publicaciones de la Biblioteca del Congreso
Names: Storm, Marysa, author.
Title: Las chinchillas / by Marysa Storm.
Other titles: Chinchillas. Spanish
Description: Mankato, MN: Black Rabbit Books, [2026] | Series: Mascotas inusuales | Translation of: Chinchillas. | Audience: Ages 8-12 | Audience: Grades 4-6
Identifiers: LCCN 2024050573 (print) | LCCN 2024050574 (ebook) | ISBN 9781644669501 (library binding) | ISBN 9781644669624 (ebook)
Subjects: LCSH: Chinchillas as pets—Juvenile literature. | Chinchillas—Juvenile literature.
Classification: LCC SF459.C48 S7618 2026 (print) | LCC SF459.C48 (ebook) | DDC 636.935/93—dc23/eng/20241207

Image Credits

Alamy Stock Photo/Giel, O./juniors@wildlife, 4–5, 6–7; Dreamstime/Daizuoxin, 22, Diman Oshchepkov, 23, Dwori, 24, Katerina Grishekina, 21, Miraswonderland, 27, Verastuchelova, 22, Viorel Sima, 28–29; Shutterstock/Al More, cover, Anton Starikov, 25, Artem Kutsenko, 25, ATTILA Barsan, 16, Barbashova Sveta, 23, Creatopic, 1, 32, Ekaterina Krivtsova, 16, Eric Isselee, 18–19, Henrik Larsson, 12, Hlornet, 23, Irina Vasilevskaia, 26, ivector, 16, kesterhu, 22, Lewandowska_Malgorzata, 3, LittleDraw, 10, Litvalifa, 14–15, masa44, 23, New Africa, 25, Nils Jacobi, 13, Oleksandra Danilian, 25, Patrycja Skworc, 17, Prapat Aowsakorn, 22–23, Robyn Mackenzie, 25, Stas Ponomarencko, 15, Tahseenamjad, cover, valery. kruk, 9, Vitaly Soroka-Novitsky, 16–17, wallerichmercie, 25, yevgeniy11, 31

CONTENIDO

CAPÍTULO 1

Conoce a la CHINCHILLA

Un niño llena un plato poco profundo con polvo. Luego, recoge cuidadosamente a su chinchilla. Sostiene al pequeño y esponjoso animal en sus brazos antes de colocarlo en el plato. Después, se hace a un lado. Su mascota sabe exactamente qué hacer, ¡y va a ser algo polvoriento!

¡Hora del baño!

El pequeño **roedor** rueda y rueda. Con cada giro, levanta nubes de polvo. Con su cola peluda, la chinchilla esparce polvo por todas partes. Finalmente, se detiene para sacudírselo todo. ¡Qué buen baño!

Algunas personas llaman a las chinchillas “chinchis” como apodo.

CAPÍTULO 2

UNA MASCOTA ESPECIAL

No hay muchas mascotas como la chinchilla, son roedores muy peludos. En estado salvaje, viven en las montañas de Sudamérica. Allí, usan su espeso pelaje para mantenerse calientes.

Las chinchillas llegaron por primera vez a los Estados Unidos en 1923. Al principio, la gente las **criaba** por su **piel**. A fines del siglo XX, se las tenía como mascotas.

Las chinchillas salvajes están en peligro de extinción.

DÓNDE VIVEN LAS CHINCHILLAS EN ESTADO SALVAJE

EUROPA
ASIA
ÁFRICA
AUSTRALIA
ANTÁRTIDA

Criaturas tranquilas

Las chinchillas son principalmente animales **nocturnos**. Prefieren el silencio durante el día. También son tranquilas y, a menudo, tímidas. Esto significa que necesitan dueños amables. Cuando las chinchillas se **estresan**, ¡se les puede caer el pelo! A esto se le llama pérdida de pelo. Los dueños deben ser respetuosos con sus chinchillas. A algunas les gustan los mimos, pero a otras, no.

Las chinchillas deben mantenerse alejadas de otras mascotas, especialmente de los gatos, porque podrían intentar cazarlas.

CAPÍTULO 3

CARACTERÍSTICAS de la chinchilla

Las chinchillas tienen ojos gigantes, también tienen orejas grandes y curvadas. Gracias a ellas, tienen un oído excelente. Estos animalitos no pueden sudar, así que no toleran bien los ambientes calurosos. Las chinchillas son ligeramente más pequeñas que los conejillos de Indias. Las hembras suelen ser más grandes que los machos.

Tamaño promedio

LONGITUD
8 a 14 PULGADAS
(20 a 36 cm)

0
libras
1
2
3
4
5
6
7
8
9
10
libras
PESO
alrededor de
1 a 2
LIBRAS
(0.5-1 kilogramo)

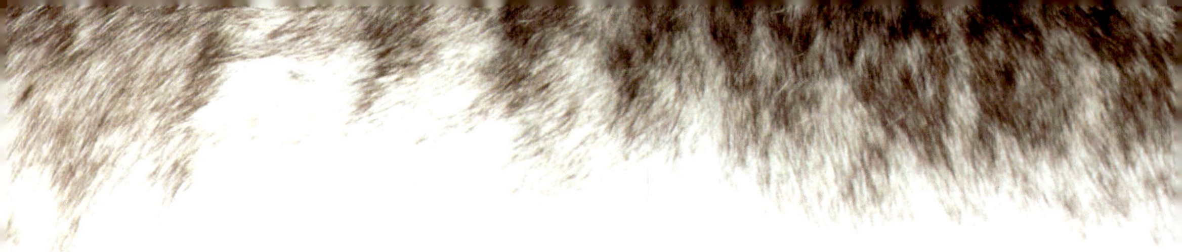

LONGITUD DEL PELAJE

1.5 PULGADAS (3.8 CM)

pelaje gris

pelaje azulado

Súper suave

Las chinchillas son conocidas, sobre todo, por su pelaje **afelpado**. Cada hebra de pelo de chinchilla mide aproximadamente 1.5 pulgadas (3.8 cm) de largo. Su pelaje puede ser de varios colores. Suele ser gris, blanco o azulado. Bajo su espeso pelaje, hay una piel naturalmente grasa.

pelaje blanco

PARTES DE LA CHINCHILLA

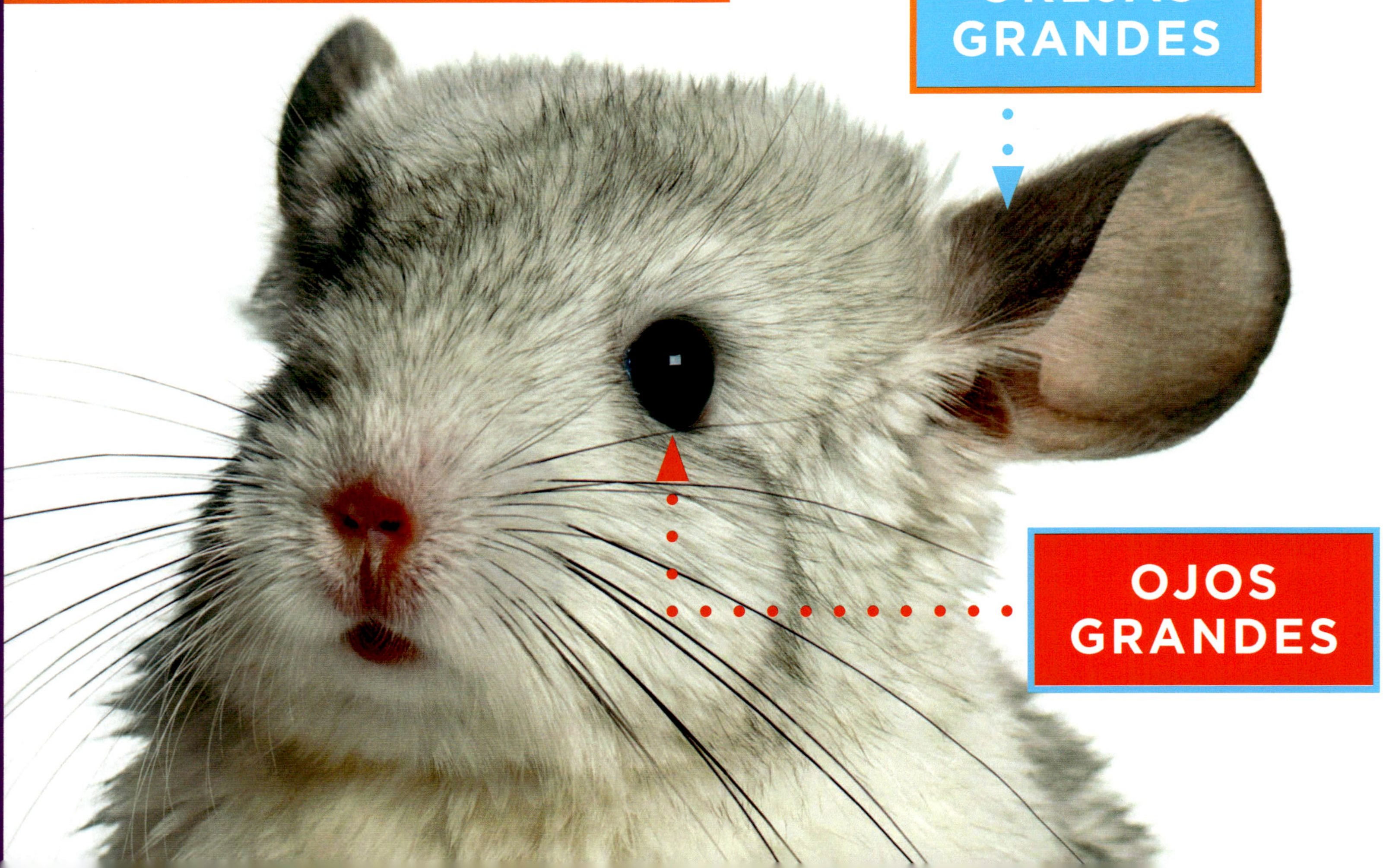

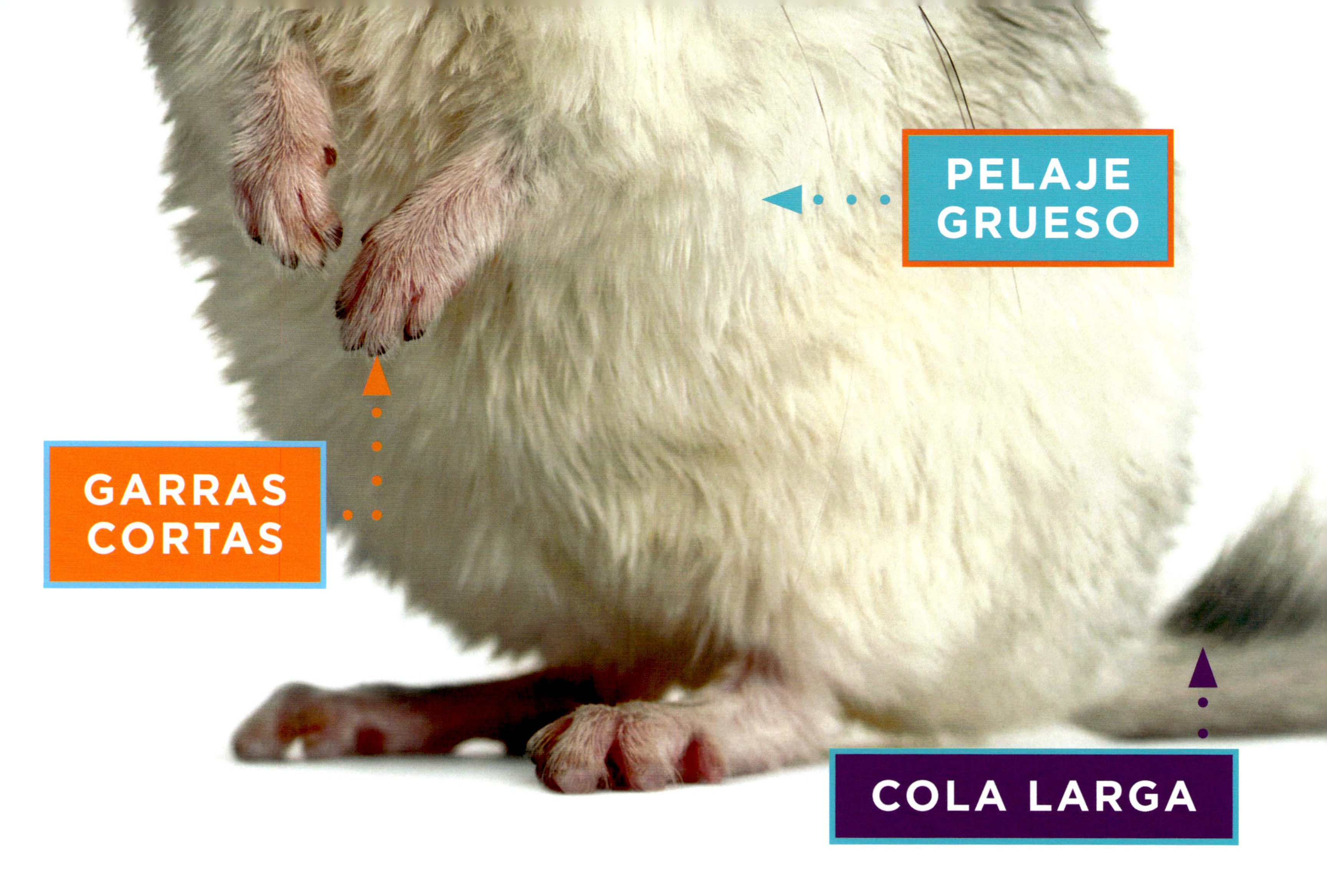
PELAJE GRUESO
GARRAS CORTAS
COLA LARGA

CAPÍTULO 4

Cuidados de una CHINCHILLA

A las chinchillas les gusta trepar. Sus jaulas deben tener varios niveles... ¡y juguetes! Una rueda para correr es excelente para la chinchilla. También deberían tener un bloque de madera o **piedra pómez**. Masticar estos bloques mantiene sus dientes afilados, también los desgasta. Los dientes de los roedores nunca dejan de crecer.

La jaula debe ser de alambre con un fondo sólido. Se le podría quedar atrapada una pata si el fondo fuera de alambre. Podría lastimarse.

UNA JAULA PARA CHINCHILLAS

rampas

múltiples niveles

rueda

bloque para masticar

platos para comida y agua

nido

juguetes

Comida y agua

Es importante que las chinchillas siempre tengan agua fresca. En cuanto a la alimentación, lo mejor son los pellets especiales para chinchillas. Deben consumir de 1 a 2 cucharadas (15 a 30 mililitros) al día. También les hacen bien pequeñas cantidades de heno, verduras frescas y algunas frutas.

¿QUÉ PUEDEN COMER LAS CHINCHILLAS?

ALIMENTOS BUENOS ✓

pellets para chinchillas

verduras de hoja verde

heno

fruta (en pequeñas cantidades)

ALIMENTOS MALOS X

chocolate

cafeína

azúcar

Cuidados especiales

Las chinchillas necesitan baños de polvo dos o tres veces por semana. El polvo **absorbe** el aceite de su piel y ayuda a limpiar su pelaje. Como las chinchillas no pueden sudar, sus dueños deben asegurarse de que no pasen mucho calor. Las chinchillas son las mejores mascotas para dueños **experimentados**. Requieren cuidados especiales y un trato delicado. ¿Estarías listo para el desafío?

Los dueños nunca deben bañar a sus chinchillas con agua. Su largo pelaje tarda demasiado en secarse.

En NÚMEROS

65 a 80
grados Fahrenheit
18 a 27 grados Celsius

BUENA TEMPERATURA PARA LAS CHINCHILLAS

10 a 20 AÑOS

ESPERANZA DE VIDA

alrededor de

6 pies

(1.8 metros)

QUÉ TAN LEJOS PUEDEN SALTAR

2

NÚMERO DE RAZAS DE CHINCHILLAS

GLOSARIO

absorber: asimilar

afelpado: grueso y suave

criar: hacer que dos animales específicos se apareen para tener crías con ciertas características

estresado: sentirse muy preocupado o ansioso

experimentado: que tiene habilidad o conocimiento adquirido al hacer algo

nocturno: activo por la noche

piedra pómez: piedra gris liviana, llena de pequeños agujeros, y se usa para suavizar y alisar

piel: la piel de un animal muerto con su pelo o pelaje aún adherido

roedor: un pequeño mamífero que roe, como un ratón, una ardilla o un castor

ÍNDICE ALFABÉTICO